Peter P. Neuhaus (Hrsg.)

# Der Große Dinggang

## Ein Preis für Komische Lyrik
Das Beste vom Guten 2019

»Die Tradition muss weiter gehen –
weiter als die Literaturpolizei erlaubt.«

*F.W. Bernstein*

## Wer reimt, hat recht.

Wenn man etwas zum zweiten Mal macht, muss man schon gute Gründe dafür haben. Der Große Dinggang geht 2019 in die zweite Runde, weil er bei seiner Premiere 2017 ein Zeichen gesetzt hat.

Wir sind mit unserem Wettbewerb auf dem richtigen Weg: Auch in diesem Jahr haben sich weit über über 200 Autor*innen aus Deutschland, Österreich, der Schweiz, der Türkei, den USA, Schweden, Spanien und Italien beteiligt. Die Vielfalt und Qualität der eingereichten Beiträge ist erstaunlich.

Allen Teilnehmenden sagen wir unseren großen Dank. So weit und breit in den Kosmos der Komischen Lyrik hineinschauen zu dürfen, war uns ein Geschenk. Mit Che Guevara rufen wir also aus: „Schaffen wir zwei, drei, viele Große Dinggangs!" – die bräuchte man nämlich, um die Breite und Klasse der eingegangenen Beiträge angemessen darstellen zu können.

Wenn es den Großen Dinggang nicht gäbe, müsste man ihn erfinden. Und so freuen wir uns bereits auf den nächsten Wettbewerb im Mai 2021.

Bis dahin heißt es für alle Autor*innen: Immer schön dranbleiben und schreiben, bis Blut kommt :-)

Die Katastrophen Kultur e.V. in Menden (Sauerland), die schon immer ein Gespür für das Abwegige, Besondere und Unterschätzte hatte, hat den Preis für Komische Lyrik 2017 ins Werk gesetzt. Der Große Dinggang richtet sich an alle deutschsprachigen Autor*innen und teilt sich auf in einen Jury- und einen Publikumspreis. Beide Preise werden bei einer öffentlichen Wettbewerbs-Lesung vergeben und gefeiert.

Der Große Dinggang soll einen Beitrag zur verstärkten Wahrnehmung der Komischen Lyrik leisten. Er will Autor*innen ermuntern, sichtbar machen und zusammenbringen.

Zur Preisverleihung erscheint diese Anthologie mit ausgewählten Wettbewerbs-Beiträgen. Sie versammelt die Texte der fünf Autoren, die am 25. Mai 2019 im Mendener Zimmertheater SCARAMOUCHE um den Publikumspreis gelesen haben. Einer von ihnen erhielt den Jurypreis Der Große Dinggang.

Diesen Wettbewerb gäbe es nicht ohne die Katastrophen Kultur e.V. und er wäre ein gänzlich anderer ohne Janine Bauer. Das muss hier schonmal gesagt werden. Alles andere und noch mehr Dankeschöns folgen auf den nächsten Seiten.

*Peter P. Neuhaus im Mai 2019*

## Die Besten der Guten:
## 5 aus 258

258 Beiträge wurden geprüft und sortiert: Biografien und bibliografische Informationen wurden von den zuvor anonymisierten und mit Kennworten versehenen Gedichten getrennt. Die Texte wurden der Jury zur Bewertung übergeben.

So sammelten sich im Lauf des Wettbewerbs auf den Festplatten von Corinna Stegemann, Thomas Gsella, Christian Maintz und Peter P. Neuhaus über 2.000 Seiten Komische Lyrik. Etwa zehn Gedichte pro Einsendung, ohne Hinweis auf die Verfasser*in; lyrische Schönheit in all ihrer Verspieltheit und Sprachwucht. Die Einsendungen wurden im Lauf von fünf Wochen an vier Orten der Republik jeweils komplett gelesen, bewertet, gegengelesen, verworfen, verglichen, verflucht und belacht.

Ende März 2019 einigte sich die Jury auf fünf Kandidaten für die Endrunde in Menden. Die Auswahl ist eine beinah einstimmige Entscheidung. Moritz Hürtgen, Ingo Neumayer, Stefan Pölt, Philip Saß und Carsten Stephan haben sich aufgrund der Qualität ihrer Texte durchgesetzt und sind eingeladen, sich dem Mendener Publikum zu stellen – eines der kritischsten Lyrik-Publika der bekannten westlichen Welt.

Zum Verkaufsstart dieses Buchs stehen die Gewinner des Jury- und Publikumspreises fest – und die Konfettikanonen haben geknallt. Peng!

Wir präsentieren hier die Beiträge der fünf Endrunden-Kandidaten. Viel Spaß beim Lesen!

# Moritz Hürtgen

Geboren 1989 in München, lebt in Frankfurt am Main.
Nach der Schulzeit begann er 2008 als Praktikant beim
TITANIC-Magazin, danach Autor, seit 2013 Redakteur,
seit 2019 Chefredakteur.

### Bibliografie

*Seit 2008 zahllose Gedichte für das TITANIC-Magazin, Print und
online. Am 11. September 2019 wird Hürtgens erster Gedichtband
„Angst vor Lyrik" beim Kunstmann Verlag erscheinen. Darin finden
sich die folgenden zehn sowie über 100 weitere Angstgedichte.*

## Angst vor dem Versagen

Schlips und Kleid, da sitzen sie
nur um mir zu lauschen
Hände weich und Zitterknie
Wer will mit mir tauschen?

Hilfe! Jetzt ist es soweit
später feines Essen
Leute, ich bin nicht bereit
hab den Text vergessen

Mama! Papa! Oma! Ihr
seht mich doch verzagen
Heilig Abend, ich bin vier
Angst vor dem Verssagen!

Moritz Hürtgen

## Angst vor Spinnen

Diese haben acht der Beine
willst du flüchten, streiken deine

Diese haben Kieferklauen
du kannst panisch um dich hauen

Diese haben Gift und Seide
hilflos wirst du bleich wie Kreide

Diese flüstern Dinge wie:
„Dai ne kas Se zaltir di
konn Fronn tha Tions the Ra pie."

## Angst vor Überfremdung

Noten schneiden schwüle Luft
fremde Zungen murmeln Sprüche
finster wird's, bizarrer Duft
kriecht aus irgendeiner Küche

Süßlich-herb – so riecht der Tod
und bald werden sie dich würzen
Deine kleine Stadt, sie droht
nachts ins Chaos umzustürzen

Sperr dich ein, o deutscher Christ!
Mach das Licht aus, geh zu Bette
Morgens, wenn du sicher bist
wecken dich die Minarette.

## Angst vor Gespenstern

Sie kommen niemals schon zur Geisterstunde
um zwölf schläft heutzutage keine Sau
Da macht dein alter Nachbar noch die Runde
mit seinem Hund und der macht fröhlich Wau

Um vier jedoch da geht kein Köter kacken
nur du wirst wach und musst mal pinkeln gehn
Auf halbem Weg streift kalt was deine Hacken
du schrickst herum und kannst Gespenster sehn

Sie tanzen stumm in bleichen Leichenhemden
ganz ohne Lider starrend um dein Bett
Dass du dich einnässt, merkst du mit Befremden

du stolperst nasskalt bibbernd aufs Klosett
schließt drin die Tür und prüfst dreimal den Riegel
blickst auf und siehst sie hinter dir im Spiegel.

## Angst vor dem Tod

Wer mitdenkt und ein bisschen übt
lernt, wie's ist, tot zu sein:
Die Luft sei rein und ungetrübt
man blicke dann hinein

Der Blick träf nichts – nix wär da, nicht?
Die Luft löste sich auf
kein Schwarz, Azur, kein Weiß, kein Licht
Man staunte, käm nicht drauf

klar. Wenn man sich dann kurz vergäß
dann wär man sehr allein
doch merkte nichts, drum wäre es
nicht *so* schlimm, tot zu sein.

Moritz Hürtgen

## Angst vor dem Fliegen

Nach Kontrolle
in die volle
Röhre mit den vielen Plätzen
Dort mit Grauen
Zeug verstauen
und sich bei 5-A hinsetzen

Jetzt abheben
kurz zu leben
kein Mensch zieht noch eine Mine
Draußen Regen
nicht bewegen
und schon heult eine Turbine

Bald ein Knallen
Kreisch, wir fallen!
durch das Fenster schlagen Flammen
Beten, büßen
Liebste grüßen
und spitz in den Boden rammen.

## Angst vor Keimen

In unseren Häusern und Heimen
im Kühlschrank und am Küchenbrett
da wimmelt's von ihnen: den Keimen

Am See denkt man sommers: Wie nett!
Doch legt man sich rein, um zu treiben
wird Wasser- dank Keim Totenbett

Von dieser Wurst noch ein paar Scheiben
heut gibt es sie zum halben Preis
verkeimt ist sie und man muss speiben

und bald ist man hin, so ein Scheiß
Man kann es nicht oft genug reimen:
Die Keime sind Teufelsbeweis.

Moritz Hürtgen

## Angst vor Wasser

Es tröpfelt, plitsch-platsch-plätschert bald
es quellt und fließt und strömt und wallt
es nieselt, regnet, fällt von Traufen
steht knöchelhoch, lädt ein zum Taufen

Es flutet, rollt heran und bricht
es sickert ein und zeigt sich nicht
es steckt in jedem Hundehaufen
Mensch füllt es ab, um's zu verkaufen

Es steigt hinauf, wenn's runtersengt
und manchmal friert es ein und sprengt
die Brücken, über die wir laufen
es nimmt uns auf und wir ersaufen.

## Angst vor Prüfungen

Fakt ist, wenn du nicht bestehst
musst du von der Schule gehen
und die Uni wirst du nie
nie, niemals von innen sehen

Kind, egal, wie du auch flehst
du wirst keinen Abschluss kriegen
und danach mit Garantie
auf die schiefe Bahn abbiegen

Fakt ist, wenn du's aber packst –
Ach! Du sollst die Wahrheit wissen:
Uni, Job und Chancen sind
kein Stück weniger beschissen

Wo du jetzt zusammensackst
lass den Trost an deine Ohren:
bis zur Prüfung bist du, Kind
nicht im Arsch, noch nicht verloren.

Moritz Hürtgen

## Angst vor Sand

Er ist ja bloß ein Sediment
das weder List noch Absicht kennt
nur Sand halt

Er wird gespült und fortgeweht
und liegt so wie's schon ewig geht
am Strand bald

Selbst Treibsand ist fast nie fatal
es ist allein die schiere Zahl
der Körner

gefährlich. Wer sie lernt, geht drauf
den nimmt der Teufel höchstselbst auf
die Hörner.

# Ingo Neumayer

Geboren 1973 im schwäbischen Ludwigsburg, lebt in Köln.
Nach dem erfolgreichen Abbruch seines Studiums Redakteur
beim Dortmunder Musikmagazin Visions, ab 2001 Chefredak-
teur. Seit 2005 freier Autor für diverse Online- und Print-Medien
wie Galore, WDR.de, JWD, Mint, Zeit Magazin. Zudem ist er für
verschiedene Agenturen und Plattenfirmen tätig und hat zwei
Stadtführer über Köln verfasst. Ingo Neumayer ist Mitglied im
Schreibraum der „Literaturszene Köln".

## Bilbliografie

*Seine Gedichte erschienen in Eulenspiegel, Visions, Atlas sowie auf
WDR.de, spreeblick.com und dem eigenen Blog zwoelfzeilen.com.
Zudem hat er Gedichte für eine Werbekampagne des Strea-
ming-Dienstes Netflix verfasst. Seit der ersten Ausgabe (erschienen
im April 2018) schreibt Neumayer eine monatliche Rubrik in JWD
namens „Gedicht von Welt".*

## Mit dem der Tod spielt

Ey Sensenmann, du Vollidiot!
Dein Werk ist voll daneben
Tom Petty, Bowie, Prince sind tot
Und Nickelback? Die leben!

Du ungerechtes Arschgesicht
Du hast ja wohl 'nen Schaden
Kollegah atmet, dieser Wicht
An Lemmy knabbern Maden

Was du da machst, ist dumm und dreist
So kann's nicht weitergehn
Hol Jesus (oder wie der heißt)
Und lass' sie auferstehn

Ingo Neumayer

# Freibadpommes

Die Mayo warm. Das Fett leicht ranzig
Ein Achselhaar als Garnitur
Mit Cola? Das macht 7,20
Am Boden eine Essensspur

Mal sind sie schlaff wie Nazipimmel
Mal eisenhart wie Spritzbeton
Dort in der Ecke, ist das Schimmel?
Im Radio: ein Scooter-Song

Nivea. Chlor. Geschrei. Gemecker
Natascha richtet ihre Frise
Nichts schmeckt so gut, nichts ist so lecker
Wie Freibadpommes auf der Wiese

Ingo Neumayer

## Prioritäten

Wenn nationaler Nebel wabert
Wenn Rummenigge Schwachsinn labert
Wenn Deppen gröhlen bis halb vier
Dann steht der World Cup vor der Tür

Wenn Sitten und Moral versterben
Wenn Menschen schwarz-rot-gold sich färben
Vom Nasenbein zum Schrankfurnier
Dann startet bald wohl ein Turnier

Rassismus? Spahn? Die Dieselkrise?
Das Glyphosat auf Feld und Wiese?
Egal! Wen juckt's? Ist bloß Ballast
So lange Kroos zu Kimmich passt

Ingo Neumayer

## Planiert mein Hirn an der Biegung der Isar

Wohin mit Mensch, mit Tier, mit Haus?
Die Erde platzt aus allen Nähten
Das Wachstumsdogma? Purer Graus!
Wenn doch die Bayern mal was täten!

Wo baut man Werften, Autobahnen?
Das neue Rock-am-Ring-Gelände?
Den Friedhof für Exil-Afghanen?
Da hebt Horst Seehofer die Hände:

„In meinem Kopf ist locker Platz
Für circa 69 Hirne
Schön schattig. Etwas Bodensatz.
Perfekt als ~~G~~Bauland: meine Birne"

## Klassisches Dilemma

Wer ist der größte Komponist?
Ich kann mich nicht entscheiden
Puccini? Wagner? Bartók? Liszt?
Vivaldi oder Haydn?

Die Auswahl, die fällt schwer und – ach!
Es schwingt nervös, das Pendel:
Strauss senior? Junior? Mozart? Bach?
Tschaikowski? Schumann? Händel?

Wer steht denn nun an Nummer eins?
Das Urteil ist ja voll die
Extrembelastung meines Seins
Na gut: Ich nehm Bartholdy

Ingo Neumayer

## Beleidigte Ärztewurst

Tag Herr Doktor, Chef der Flaschen
Hat der Golfplatz heute zu?
Ist der Porsche schon gewaschen?
Bumst du noch das Känguruh?

Heckenpenner, hilf mir endlich!
Hol das Stethoskop heraus
Mach mein Leiden weg und kämm dich
Du bist fett wie Klaus und Klaus

Depp sein Frühstück! Schweinepriester!
Deine Alte wärmt mein Bett!
Arschloch! Wixer! Walter Riester!
Operier' mein Scheiß-Tourette!

# 14 Gründe warum das nichts wird mit uns beiden

Grund eins: Mein Charme gefällt dir nicht
Grund zwei: Dein blöder Vater
Grund vier: Im Bad brennt immer Licht
Grund fünf: Du quälst den Kater

Grund sechs: Du findest Nena toll
Und Weezer nicht (=Grund sieben)
Grund neun: Du guckst so vorwurfsvoll
Grund zehn: Und oft durchtrieben

Grund zehn: Du putzt nie das Klavier
Grund elf: Du gehst nicht wählen
Noch übler aber nehm ich dir
Grund zwölf: Du kannst nicht zählen

Ingo Neumayer

## Der Berliner

Sein Hund entleert den trägen Darm
Er zuckt und zieht stur weiter
Sein Hass gilt dem, der menschlich warm
Der Hass ist sein Begleiter

Die Schuld hat stets der andre nur
Auf ewig unverstanden
Er zickt und schimpft in einer Tour
Manieren: nicht vorhanden

Er kann kein Deutsch. Er kann kein Geld
Das Oberstübchen: dunkel
Er wähnt sich Nabel dieser Welt
Und ist nur ihr Furunkel

## Im Gegenteil

Nach Verben hab ich dich gefragt
Du gibst mir Adjektive
Groteske Schrift! Hab ich gesagt
Doch du nimmst die Serife

Ich bat um Soul und R'n'B
Du drehst ihn laut, den Metal
Bring mir den Kopf von Alesi
Du nickst. Und kommst mit Vettel

Nen Moslem wollt' ich. – Hier, ein Christ!
Du schwimmst. Ich sagte: wandre
Ich will, dass alles bleibt, wie's ist
Und such mir eine andre

Ingo Neumayer

## Das Früh schlägt lings

Wenn Studenten sich entblättern
Omas nicht aufs Wetter wettern
Wenn die Amsel Türilü singt
Dann weiß jeder: Ja, es frühlingt

Wenn Giovannis Softeis dealen
Kinder „Fang den Lukas" spielen
Strahlt der Himmel selbst in Pommern
Dann weiß jeder: Bald wird's sommern

Wenn die Schmidts den Grill anwerfen
Und nicht mal die Hondas nerven
Spürt man es in Herz und Hintern:
Nun ist Schluss mit all dem Winter

## Stefan Pölt

Geboren 1962 in München, lebt in Hatterheim.
Studium und Promotion im Fach Informatik in Dortmund,
seitdem BVB-Fan; seit knapp 25 Jahren in der Preisoptimierung
einer Deutschen Fluggesellschaft tätig. Lyrik als Hobby und
Ausgleich zur zahlenlastigen Arbeit; Autodidakt und Quer-
einsteiger; nutzt Lyrikforen als Fortbildungsmaßnahme; fast
ausschließlich in der komischen Lyrik zu finden.

### Bibliografie

*LACH-HAFT, Norbert Böll, Edmund Geiping, Dietmar Hoehn,
Carsten Legel, Stefan Pölt, Verlag Die Kunstfechter, Saarbrücken,
2011, ISBN 987-3981352733*
*Das große Reimemachen, Stefan Pölt, Verlag die Kunstfechter,
Saarbrücken, 2012, ISBN 978-3981352740*
*Außer Späßen nichts gewesen, Stefan Pölt, BoD – Books on Demand,
Norderstedt, 2019, ISBN 978-3481582888*

www.stefan-poelt.de

## Besetzt

Rubens schäumt: Ich zähl bis drei –
weg von meiner Staffelei!
Rembrandt, das ist meine Leinwand!
Hör mir auf mit deinem Einwand,

dass sie herrenlos herumstand,
denn das liegt nur an dem Umstand,
dass ich kurz mal mit Sieglinde –
na, du weißt schon – jetzt verschwinde!

Peter Paul, auch wenn du plärrst:
Wer zuerst kommt, malt zuerst!

Stefan Pölt

## Lobeshymne

So vieles wurde schon bedichtet,
in Versen strophenlang geehrt,
nur ihr, die treu den Dienst verrichtet,
blieb diese Huldigung verwehrt.

Das muss sich ändern: Abfalltonne!
Wie klaglos schluckst du jeden Dreck!
Ob einzeln oder in Kolonne,
du meckerst nie und steckst was weg.

Die Menschheit würde längst vermüllen
in ihrem Unrat und Gestank,
wärst du nicht da, um dich zu füllen –
ganz ohne Ehre, Lob und Dank!

Nur einen gibt's, der ungebrochen
dich ständig in den Himmel hebt.
Du wirst in allen graden Wochen
vom Müllmann hoch-hoch-hochgelebt.

## Apokalyptisch

Ringsum liegt die Welt in Trümmern,
nichts steht, wo es vorher stand.
Seltsam – keinen scheint's zu kümmern,
Schlamperei im Niemandsland.

Schwelend mehrt sich banges Ahnen,
kommt der Rettungstrupp zu spät?
Schafft er es, den Weg zu bahnen
mit dem schweren Räumgerät?

Noch beklagt man keine Toten,
doch die erste Seuche droht.
Das Betreten ist verboten,
Wiederaufbau täte not.

Chaos reicht bis zu den Rändern,
das ist wohl der Welten Lauf.
Letztes Bäumen, was zu ändern:
Kevin, räum dein Zimmer auf!

Stefan Pölt

## So jedenfalls nicht!


Ich möchte nicht erschlagen werden,
auch nicht erdrosselt, -dolcht und -stickt,
nicht überrollt von Büffelherden
und nicht zerbombt im Grenzkonflikt.

Kein Fallbeil soll mein Leben kürzen,
kein Unfall und schon gar kein Mord,
Ich möchte nicht von Felsen stürzen,
von Brücken oder über Bord.

Auf keinen Fall will ich verbrennen,
an Krankheit sterben oder Gift,
im Kugelhagel wie John Lennon,
durch Sturz aus einem Sessellift.

Auch lehn ich Tod durch Altersschwäche
genauso ab wie Suizid
und dass ich mir das Rückgrat breche,
weil sich ein Flusspferd auf mich kniet.

Der Sensenmann hört meine Klage
und sinnt: An Todesarten käm
dann aber nicht mehr viel in Frage...
Na und, Gevatter – dein Problem!

## Vorsorglich

Frau von Reibach hat 'ne Leiche
tief im Keller – ist's die gleiche,
die sie früher schon mal hatte?
Nein, es ist ihr zweiter Gatte,

den im Alter, was sie hasste,
plötzlich Sparsamkeit erfasste.
Schwer geprägt von dem Erlebnis
strich sie kurzum sein Begräbnis.

Auch beim dritten, alt und kränklich,
mehrn die Macken sich bedenklich
und so wählt sie für ihr Schätzchen
schon einmal ein kühles Plätzchen.

Epilog:

Doch der Alte ist gewitzter
als sie dachte und schon sitzt er
dran, ein Eisenkreuz zu schmieden:
›Frau von Reibach – ruh in Frieden!‹

Stefan Pölt

## Kurzschlussfolgerung

Die Existenz von Reim allein
reicht nicht, um ein Gedicht zu sein,
doch wird das auch nicht garantiert,
wenn gar kein Reim die Zeilen schönt.

## Lustgewandelt

Seit an Seit,
wir zu zweit.

Arm in Arm
wird uns warm.

Bauch auf Bauch
ginge auch.

Stefan Pölt

## Zusammentreffen

Diese langen Haare
schweben mit ihr mit,
höchstens zwanzig Jahre,
wehn bei jedem Schritt,
diese langen Haare.

Diese enge Bluse
fast ein wenig knapp,
freudig musterst du se
zeichnet alles ab,
diese enge Bluse.

Diese kurze Hose
hüllt nur, was sie muss,
was ich da an Po seh,
ist ein Hochgenuss,
diese kurze Hose.

Diese schlanken Beine
ähneln Heidi Klums,
stöckeln über Steine
wie am Laufsteg – rums!
Diese scheiß Laterne!

## Ergeben

Heißt Wehrpflicht nicht, dass man sich wehrt
und wehren muss – *Abteilung kehrt!* –
wenn lauthals ein Befehl erschallt,
der ohne Sinn – *Abteilung halt!* –

erscheint und – *Stillgestanden!* – nur
basiert auf einem Treueschwur?
Und wäre es nicht angebracht,
dass man sich eigene – *Habt acht!* –

Gedanken macht – *Die Augen links!* –
statt blind zu folgen? Allerdings,
es kann im Eifer des Gefechts
sehr schnell passiern – *Die Augen rechts!* –

dass man aus Lethargie heraus
nichts hinterfragt – ... *gerade-aus!* –
und plötzlich ist – *Im Gleichschritt, Marsch!* –
die Eigenständigkeit am Ende.

Stefan Pölt

## Fräulein Holles Gespür für Schnee

Ein Schneeflock, der vom Himmel fiel,
vorbei an vielen Flöckchen,
erschlug am Nil ein Krokodil,
im Maul des Herrchens Stöckchen.

Ihr glaubt das nicht? Ach, einerlei –
ich kann's ja nicht beweisen.
Es schmolz der Flock und nahm dabei
das Stöckchen mit auf Reisen.

Stefan Pölt

# Philip Saß

Geboren 1988 in Kiel, lebt in Dänischenhagen.
Philip Saß studierte Germanistik und Geschichte und schloss
sein Studium ab mit einer Arbeit über den gespaltenen Reim in
der komischen deutschsprachigen Lyrik des 20. und 21. Jahr-
hunderts.

### Bibliografie
*Philip Saß reimt für Zeitschriften wie Titanic, Exot und Der Tödliche
Pass sowie für Anthologien, zuletzt: Vom Knödel wollen wir singen,
Antje Kunstmann, 2018.*

www.dasgedichtderherrschendenklasse.de

## Nachruf auf einen Mittelfeldspieler

Du ranntest schnell, du ranntest weit,
du ranntest immer wieder.
Doch ging es Richtung Nachspielzeit,
dann sankst du jäh hernieder.

Ach je, ein Krampf! Ein Krampf, oh nein!
Du spürtest, dass der da war,
drum hieltst du dir sehr lang dein Bein,
zumal der Sieg so nah war.

Fies raunten dir die Gegner zu,
du würdest übertreiben. –
Nun hast du endlich deine Ruh,
nun darfst du liegen bleiben.

Philip Saß

## Späte Reue

Ach, die ganzen
armen Pflanzen,
die ich schon als kleiner Knabe
leider nie gegossen habe!

Azaleen
und Kakteen
(ich verzeihe das mir Schmock net!)
sind verflossen, Quatsch: vertrocknet.

»Gieß es!«, hieß es,
doch ich ließ es,
und so schrie ich bald sonor »Ahhhh!«
ob des Niedergangs der Flora.

Wilde Träume
über Bäume
folgten, und die Flucht vor Krallen
fieser Venusfliegenfallen ...

Mir wird übel:
All die Kübel
voll mit schrecklich welken Astern,
die nun meine Wege pflastern. –

Ich gestehe:
Orchidee!
Rose! Palme! Distel! Porree!
I am sorree, oh, so sorree!

## Rosenkohl

Der Käfer frisst am liebsten Mist,
    weil ihn sein Duft betörte,
und der Gourmet nagt am Filet,
    das einem Reh gehörte.
Mir dünkt derlei Vergnügen hohl,
ich brauche nichts als Rosenkohl.

Der Trinker nippt und wippt und kippt
    und lallt dann laut durch *die* Bar.
Das Kind mampft Brei und kreischt dabei,
    als sei das nachvollziehbar.
Wenn ich bei Tisch vor Freude johl,
dann liegt das wohl am Rosenkohl.

Vampiren tut nur Blut ganz gut
    (wenn's schmeckt...) und Zombies kauen
in Filmen dumm auf Hirnen rum:
    Ich würd mich das nicht trauen.
Drum gibt's für mich und Schutzbefohl-
ene nichts außer Rosenkohl.

Man schalt mich lang für diesen Hang
    zur Nummer 1 der Nahrung:
Wer mich verurteilt, tut das nur
    aus Mangel an Erfahrung.
Es ist doch so: Das Monopol
auf Wohlgeschmack hat Rosenkohl.

Ich wiederhol: O Rosenkohl,
    ich mag nichts andres kochen;
statt Karfiol und Sanostol
    verzehr ich schon seit Wochen
nur Rosenkohl, nur RO-SEN-KOHL!
(Ich höre auf, mir ist nicht wohl.)

## Kindersonett: Der Feuerwehrmann

Er ist der Mann,
der diese Welt
so gut er kann
in Ordnung hält:

Wird er bestellt,
dann rückt er an,
doch nicht fürs Geld,
nein: just for fun!

Denn falls ein Haus
in Flammen steht,
dann fährt er raus

und löscht (wenn's geht).
Er ist, sobald was lodert, nah,
und manchmal halt schon vorher da ...

Philip Saß

## Titanic (1997), aus der Erinnerung aufgeschrieben

Schiff ist groß,
Meer ist breit.
Schiff fährt los,
kommt nicht weit.

Bla, bla, bla,
viel zu lang,
aber da:
Untergang!

Eis erscheint,
Flucht misslingt,
Winslet weint,
Leo sinkt.

Sie ist smart,
kommt davon,
und my heart
will go on.

## Gedanken über ältere Raubvögel

Seh ich oben Adler kreisen,
die nach Mäusen oder Meisen
   oder all den andern Tieren,
      die sie fressen möchten, schaun,
überkommt mich eine Frage,
die ich hier zu stellen wage:
   Was, wenn sie zum Schluss mit ihren
      schlechten Augen Scheiße baun?

Können sie dann noch erkennen,
dass nicht etwa Hamster rennen,
   sondern beispielsweise Kühe
      oder gar am Ende: ich?
Was, wenn ich mich überwände,
forsch in der Natur verschwände,
   und als Lohn für meine Mühe
      überfiel son Vogel mich?

Bisher ging es gut: Ich meide
Wald und Wiese, Feld und Weide,
   und vielleicht dank dieser Vorsicht
      griffen mich noch keine Klaun… –
Mag mich jemand informieren:
Kann ein Bussard reflektieren?
   Heulen Eulen: »Ich verlor Sicht«?
      Ist der Fauna noch zu traun?

Philip Saß

## Materialien zu einer Witterungskritik

Die Glätte find ich sowas von beschissen,
so streng, stupide, irgendwie –, egal
wie ich sie finde, denn mit einem Mal
wird man ja doch von ihr hinabgerissen.

Da liegt man dann, vom Winter umgeschmissen,
und schreit (wenn das noch geht) wie ein Schakal.
Man landet daraufhin im Hospital,
wo auch die Ärzte nicht zu helfen wissen.

Da liegt man dann erneut. Der Mond scheint fahl,
auf Fensterbänken welken die Narzissen.
Man denkt (wenn man noch kann): Die Erde is 'n

perfekter Ort für Fans von Ärgernissen.
Dann räuspert man sich kühn und pastoral,
und hustet Lungenbläschen auf sein Kissen.

## Kriminalsonett: Enkeltrick

Er war der König aller Delinquenten:
Zu viele Omas wohnten ganz allein,
er klingelte, sie ließen ihn herein
und überschrieben brav Besitz und Renten.

Ihm fielen immer neue Kniffe ein:
Er half mit Medika- und Komplimenten;
und überzeugte sogar Sportstudenten,
ihr lang vergessner Enkelsohn zu sein.

Der König konnte alle überlisten
und lebte gut vom ganzen Geld. Doch dann
befleißigten sich endlich Polizisten

und inhaftierten – einen andren Mann.
Es tut mir, liebe Leser, wirklich leid,
der Fall ist von Gerechtigkeit befreit.

# Erlebnis

Aus Welten, deren Namen ich nicht kannte
(ich spräche sie wohl eh nicht richtig aus
(weshalb ich sie auch leichthin »Welten« nannte)),
erschien ein Raumschiff, das empfindlich brannte:
Es brach entzwei, ein Männchen plumpste raus.

Ich schaute dem Geschöpf nur aus Versehen
und durch das Küchenfenster zu und rief,
was man halt ruft, wenn Havarien geschehen.
Es konnte mich jedoch nicht recht verstehen,
weil blauer Schleim aus seinen Ohren lief.

Ich rannte raus, um, was dort rang, zu retten,
und hätte mich vor R beinah verschluckt.
Ich tupfte, was mir Blut schien, mit Servietten,
bewarf das Wesen hektisch mit Tabletten, –
und schließlich hat es zögerlich gezuckt.

Ich wollte schon mit Erster Hilfe starten,
da wankte es und würgte kompliziert,
und seine fünfundvierzig Beine scharrten:
Abrupt verschied das Ding in meinem Garten,
und damit war der Abend ruiniert.

## Lied des Großvaters an seine Enkeltochter

Lass das Gähnen,
du!
Schau den Schwänen
zu,
lausch dem Wellen-
klang
und Forellen-
sang!

Muss dein Jammern
sein?
Hör die Ammern
schrein!
Komm gen Wiese,
Kind,
spür die Brise
Wind.

Sieh die Haine
blühn,
dieses feine
Grün! –
Aber Kleine:
kühn
schiltst du meine
Mühn,

Philip Saß

fragst: Wozu die
Kuh?,
machst den Hoodie
zu,
sagst zu Hecken
nein,
trittst auf Schnecken
ein,

findest Ginster
lahm. –
Geh zu Insta-
gram,
fort vom Moospfad,
plärr
dort. Gruß, Großpfat-
er.

# Carsten Stephan

Geboren 1971 in Dessau, lebt in Frankfurt am Main.
Er wollte ursprünglich Kriminalromane schreiben. Als Ein-
übung waren neue Sherlock-Holmes-Geschichten gedacht.
Doch auch für die gilt Robert Gernhardts kollegialer Rat:
*Ein Gedicht ist rasch gemacht. / Schnell auch reimt ein Lied sich. /
Aber so ein Zeitroman, / lieber Freund, der zieht sich!*
Während sich *Das chinesische Zimmer* zog und zog, entstanden
komische Holmes-Gedichte. Schneller und mit mehr Vergnü-
gen. Seit 2014 schreibt Carsten Stephan regelmäßig komische
Lyrik.

## Bibliografie

*Komische Lyrik, v.a. in Anthologien, Zeitschriften und der taz*
*Brigadebuchrebellin Kühner – Der Osten im Porträtgedicht,*
*Deer Press, Frankfurt am Main 2016*
*Café Sonnenschein – Groteske Gedichte, Literaturautomat,*
*Art Connection & zakk, Düsseldorf 2017*

## Winterliedchen

Die Straßen sind wie Fisch beschuppt,
Den dicke Männer salzen.
Ein Schneeberg, der schon etwas suppt,
Lässt schöne Stiefel schnalzen.

Die Krähen geifern im Geäst,
Darunter Schnee, noch weißlich.
Ein Hündchen kommt herbei und nässt
In Sonnengelb ihn fleißig.

Die Kinder sieht man, wie zum Trotz,
Zu einem Hügel stapfen.
An ihren Nasen prangt der Rotz
In hübschen grünen Zapfen.

Carsten Stephan

## In den Januar geflüstert

Frühe Straßen, schwarz und kalt.
Fahrer kratzen wirr an Scheiben.
Raue Hände purpurn treiben.
Autos röcheln ungestalt.

Harscher Wege gräulich Schnee.
Krähen stürzen sich von Dächern.
Finger weiden klamm an Bechern,
Und im Schuh zerschellt ein Zeh.

Schwüle in den Bahnen wohnt,
Bleicher Münder dunkles Bellen.
Nasen grünlich überquellen,
Und in Stirnen Eiter thront.

Dämmerung! Die Niesel wehn.
Wagen kreischen jähe Lieder,
Und ein jeder Greis bricht nieder.
Becken bersten still und schön.

## Der allseitige Abgang im April, 1 Uhr nachts

Die welken Straßen, die genässten Zysten,
Das Ächzen in den Beckenrandgebieten,
Die kalten Töpfe, die verschwemmten Viten,
Das Fauchen in den grauen Baugerüsten.
Das Ächzen und das Fauchen und das Rinnen,
Das schwarzen Rinnen in den Regenrinnen.

Die Wände brechen auf, die Lampen platzen,
Und etwas frisst die Imbissbude im April,
Den Damm, den Dom, den Dutt, den Dr. phil.
Sie alle gehen ab, man hört ein Schmatzen.
Im Erdgeschoss verfließt ein weicher, fetter,
Ein aufgelöster Mann vorm Fernsehwetter.

Die Kräne stürzen um, die Ritzen blitzen,
Und etwas schnappt nach den Paketzustellern:
Man hört das Kollern in den feuchten Kellern,
Das Schreien und das Schlitzen und das Spritzen.
Man sieht acht Männer an dem Blitzableiter,
Der Mond wird aufgefressen und so weiter.

Die Sterne schlagen ein, die Theken knarren,
Drei Männer ordern tapfer einen Schirm,
Den Rum, das Reck, die Ruth, den Regenschirm.
Der Wirt läuft aus, es gluckst wie: Flieht, ihr Narren!
Man hört das Knuspern, man sieht leere Kragen,
Und viel mehr ist dazu auch nicht zu sagen.

Carsten Stephan

## Ständchen zum Veganertag

Eisbein, Blutwurst, Schweinskopfsülze,
Pulpo-Pizza, Beef Tatar.
Saure Kutteln, Harzer Roller,
Matjes Eva-Herman-Art.

Austern, Rollmops, Rohe Eier,
Fischbuletten, Fleischsalat.
Krabbencocktail, Euterschnitzel,
Tote Oma à la Spahn.

Kalbsgeschlinge, Schwartenmagen,
Karpfen blau und Gänsehals.
All das wollen wir vertilgen
Heute zum Veganertag!

## Café Sonnenschein

Ein Sitzfleisch labt sich still an einem Barstuhl.
Ins schale Bier taucht stumpf ein schwarzer Zahn.
Ein Lebensmüder wünscht sich einen Fahrstuhl.
Ein käsefarbnes Weib lacht nymphoman.

Die Fliegen taumeln auf dem grünen Braten.
Ein Männlein bellt und ordert Apfelwein.
Durch Schwaden kreischen bunte Automaten.
Der Stammtisch kämpft mit einem fetten Schwein.

Der Deckenmond grinst in den sauren Pfühlen,
Und Eintrachtwimpel zacken an der Wand.
Zwei Alte purzeln lärmend von den Stühlen.
Ein hagrer Mann sorgt sich ums Abendland.

## Badeanstalt

Auf grüne Brüste fallen geile Blicke.
Ein krauser Knabe hüpft auf einem Bein.
Ein Sonnenschirm flieht in den Himbeerhimmel.
Ein Leberfleck wünscht sich ein Brüderlein.

Ein Jüngling schlägt sich wegen einer Blonden.
Absinthen lacht ein schöner Simulant.
Zwei Wasserleichen ziehen ihre Bahnen.
Der Bademeister platzt am Beckenrand.

## Flamingo Ingo

Im Hundert steht er dumm im See,
Vom Planktonseihen arg rosé.
So kennt man den Flamingo.
Doch einer schlürft nur Curacao
Und ist davon unglaublich blau.
Gestatten, das ist Ingo.

Der Ingo hockt mit trocknem Fuß
In schicken Bars und lauscht dem Blues.
Man schimpft ihn einen Gringo.
Wenn es ihm juckt im Federkiel,
Dann schnäbelt er ein Krokodil
Und bellt als wie ein Dingo.

Er ist nicht gern in Kolonie,
Haust lieber im Hotel garni
Im fernen San Domingo.
Und lockt ihn einmal Gruppentanz,
Dann einer mit viel Eleganz.
Er spielt in London Bingo.

Die blaue Farbe macht viel her,
Er ist kein Schwein auf Stelzen mehr.
Hier loben wir den Ingo.
Sein schräger Schnabel bleibt uns Qual.
Gibt es dafür kein Futteral?
Perfekt wär der Flamingo!

Carsten Stephan

## Lucilla

Mir träumte von einer Betriebswirtin,
Ihr Liebreiz ließ mich schwächeln.
Ich küsste in ihrem Cabriolet
Ihr kaltes Colgatelächeln.

„Ich will nicht deines Vaters Million,
Nicht seine Bauhausvilla.
Ich will auch nicht sein Haus am Meer,
Ich will dich selber, Lucilla."

„Wie schön du dichtest", hauchte sie,
„Ich muss ja im Grabe längst frieren.
Doch gerne komme ich nachts zu dir,
Aus Liebe zum Expropriieren."

## Matze Maier

Matze Maier schrieb am Abend
Launig, mit geschnorrtem Stifte,
Ein paar Zeilen auf den Deckel
Seines Bieres.

Und am nächsten Morgen schellten
Vierzig feiste Großverleger,
Bis er endlich irgendeinem
Gähnend nachgab,

Der sein Werk in einer Woche
Dann millionenfach verkaufte
Und die Wälder niederwalzte
Fürs Papier.

Matze Maier zuckte zaghaft
Seine schönen schmalen Schultern
Und zog zügig in ein Schlösschen
Fern in Frankreich,

Wo bald große Kipper knatternd
Geld aus Hollywood abluden
Und die Groupies grinsend aus den
Laken lugten.

Und kaum einen Monat später
Schrieb er wundersamerweise:
Werde nie im Leben Dichter!
Und zerbarst.

Carsten Stephan

### Ich bin der Wald *Parodie*

Ich bin der Wald,
Ich bin verkalkt.

Ich hege den Fuchswurm,
Ich hege den Zeck.
Ich schütze den Räuber,
Ich schütze die Hex.

Ich werfe mit Ästen,
Ich warte voll Arg.
Ich blak in der Stube,
Ich bau euch den Sarg.

Ich spreche in Versen,
Ich schweige nie still.
Darum, ihr Menschen,
Rodet mich schnell!

258 AutorInnen
2.152 Seiten Komische Lyrik
13,2 kg Druckerpapier
Klare Entscheidung

Die Jury hat ihre
Schuldigkeit getan.

# Die Jury

Die Jury setzte sich aus astreinen ExpertInnen auf dem Feld der Komischen Lyrik zusammen. Sie sind es gewohnt, komische Texte zu schreiben, zu redigieren, zu bestaunen – oder wegzuschmeißen. Diese Vier kennen das literarische Geschäft aus unterschiedlichen Perspektiven und nahmen es auf sich, die Einsendungen zu bewerten.

**Corinna Stegemann,** Autorin, frühere taz-Wahrheit-Redakteurin
**Christian Maintz,** Autor, Herausgeber und Dozent
**Thomas Gsella,** Autor, früherer Titanic-Chefredakteur
**Peter P. Neuhaus,** Autor und Theatermacher

Die vier tapferen Reimschneiderlein haben sämtliche eingereichten Texte gelesen und sich auf fünf Kandidaten für den Publikumspreis geeinigt. Danach haben sie mit letzter Kraft den Preisträger des Jurypreises bestimmt, bevor sie in tiefen Erschöpfungsschlaf gefallen sind.

Am 24. Mai 2019 kam die Jury im Zimmertheater SCARAMOU-CHE unter dem Mendener Hallenbad zur öffentlichen letzten Jurysitzung zusammen. Hier wurde vor Publikum gefachsimpelt, gelacht, gestöhnt – und gelesen. Denn was die TeilnehmerInnen des Großen Dinggangs können, kann die Jury schon lange: komische Texte schreiben und vortragen.

Das war ein Spaß!

**Corinna Stegemann**

## »Wer eine Scheibe Brot mit Witz belegt, muss auch bereit sein, sie im Keller zu essen.«

Corinna Stegemann studierte Germanistik, Geschichte und Politik an der Westfälischen Wilhelms-Universität in Münster. Neben dem Studium arbeitete sie als Regieassistentin am Wolfgang Borchert Theater und war Mitarbeiterin des legendären Fanzines Luke & Trooke. Von 2000 bis 2013 war sie Redakteurin der Humor- und Satireseite der taz, „Die Wahrheit".

## Thomas Gsella

»Komische Lyrik ist wie Luft
oder Essen und Trinken:
Man muss sie nicht haben,
aber ohne macht es keinen Spaß.«

Thomas Gsella war viele Jahre lang Redakteur und von 2005
bis 2008 Chefredakteur des Frankfurter Satiremagazins Titanic.
2004 erhielt er für seine ersten Gedichtbände den „Cuxhavener
Joachim-Ringelnatz-Nachwuchspreis für Lyrik", 2011 den
„Robert-Gernhardt-Preis" für Reimgedichte zu Tierbildern von
Greser&Lenz. Gsella schreibt Gedichte und Prosa für den WDR,
SWR, die FAZ, Die Zeit, Titanic, Spiegel Online, taz, SZ-Magazin.
Er verfasst wöchentliche Reimkolumnen für den „Stern", das
Schweizer „Magazin" und Spiegel Online.

**Christian Maintz**

# »Ob Jambus oder Dactylus: Der Endreim steht am Zeilenschluss.«

Christian Maintz ist Autor, Herausgeber und Dozent an der Hamburger „medienakademie". Er schreibt u.a. regelmäßig Beiträge für die „Wahrheit"-Seite der taz. Langjährige Duett-Arbeit mit Harry Rowohlt, Barbara Auer, Nina Petri, Peter Lohmeyer, Gustav Peter Wöhler. 2002 und 2005 erhielt er den Wilhelm- Busch-Preis, 2008 den Publikumspreis des Menantes-Preises, 2009 den Wilhelm-Busch-Förderpreis.

## Peter P. Neuhaus

# »Wer reimt, hat recht!«

Peter P. Neuhaus ist Grafiker und Autor Komischer Lyrik aus
Menden. Seit 1983 ist er bei der Katastrophen Kultur e.V.
dabei und steht seitdem immer wieder auf der Bühne des
SCARAMOUCHE. Seit 2011 schreibt er komische Lyrik und
Kurzprosa, seine Texte erscheinen auf der „Wahrheit"-Seite
der taz und manches früher auch in der Fachmann-Kolumne
des endgültigen Satiremagazins Titanic.

## Die Katastrophen Kultur e.V.

Die Katastrophen Kultur e.V. (KK) fördert und schafft seit ihrer Gründung im Jahr 1982 Kunst und Kultur in der Region. Der Verein erhält außer Mietzuschüssen und einer geringen Vereinsförderung keine finanzielle Unterstützung. Vielmehr wird das Programm und unser Zimmertheater SCARAMOUCHE mit 100 Sitzplätzen durch Eigeninszenierungen und durch die ehrenamtliche Eigenleistung von ca. 150 Mitgliedern ermöglicht.

Bereits der Name des Vereins „Katastrophen Kultur" verrät, dass der Verein sich mit seinem Programm vom allgemeinen Kulturbetrieb unterscheiden möchte. Die Inszenierung von kulturellen Katastrophen liegt ihm am Herzen, das Freche, das Ungewöhnliche und vielleicht auch nicht immer das, was dem Massengeschmack entspricht – so wie „Der Große Dinggang".

Highlights der letzten Jahre waren neben diversen Dürrenmatt-, Dario Fo- und Frisch-Inszenierungen auch Projekte wie „Der kleine Horrorladen", die „Rocky Horror Show", „Menden darf nich enden", „Menden 11" und „Der nackte Wahnsinn".

Für manche Projekte reicht das eigene Zimmertheater SCARA-MOUCHE nicht aus und so wurde das Gelände am Mendener Hexenteich zum Open Air „Sommernachtstraum" oder die Hubertushalle beherbergte für das Stück „Alwine" Elfen, Hexen und Ritter.

Das eigene Programm wird vervollständigt durch Auftritte von unterschiedlichsten Künstlern und Gruppen. Namen wie Erwin Grosche, Max Goldt, F.W. Bernstein, Der Telök, Swinger Club, die Drei Tornados, Ernst Kahl, Harry Rowohlt, Jürgen Becker, Didi Jünemann, Robert Gernhardt, F.K. Waechter, Wiglaf Droste, Moritz Netenjakob, Martin Sonneborn, Thomas Gsella, Oliver Maria Schmitt, Arnulf Rating und Sabine Heinrich sind ein Ausschnitt aus dem abwechslungsreichen Programm der Katastrophen Kultur. Aber auch den unbekannten Künstlern und Gruppen bietet die KK eine Auftrittsmöglichkeit. So stand schon der eine oder andere bekannte Künstler vor Jahren auf unserer Bühne: zum Beispiel Bastian Pastewka und Bernhard Hoëcker, die bei uns in den 80er Jahren noch als Comedy Crocodiles auftraten.

Aktuelle Infos findet man hier: www.katastrophenkultur.de

# Die Förderer

Wir konnten 3 Partner finden, die den Wert des Lyrikpreises verstanden und ihn finanziell unterstützen. Darüber sind wir sehr froh – und das macht uns auch ein wenig stolz. Es freut uns besonders, Förderer aus der Region gefunden zu haben.

Die Stadtwerke als Partner für das Gemeinwohl. Ihre Verantwortung für das Gemeinwohl in Menden haben die Stadtwerke stets im Blick. Sie unterstützen Freizeit-, Sport- und Kulturvereine sowie vielfältige gemeinnützige Projekte und Organisationen mit Geld- und Sachspenden. „Wir werden auch weiterhin unseren Beitrag zu einer hohen Lebensqualität in Menden leisten", stellt Geschäftsführer Bernd Reichelt heraus, „schließlich richtet sich unser Handeln nach der Devise: ‚Aus Menden – für Menden'."

Der Große Dinggang ist ein Wettbewerb, den die Stadtwerke schon bei der ersten Präsentation förderungswürdig fanden. So engagiert sich das Unternehmen für ein Mendener Projekt, das die heimische Kulturszene weiter belebt und die Stadt gleichzeitig auch regional und bundesweit stärker sichtbar sein lässt.

**LWL**
Für die Menschen.
Für Westfalen-Lippe.

Kultur in und für Westfalen bedeutet, möglichst vielen Menschen die Kultur Westfalen-Lippes zugänglich zu machen. Der LWL unterstützt die Kultur in der Region mit einem breitgefächerten Spektrum an Förderungen. Diese umfassen neben der finanziellen Unterstützung von Institutionen wie den Landestheatern und -orchestern auch weitere institutionelle Förderungen in den Bereichen Wissenschaft, Bildende Kunst, Heimatpflege und sonstige Kulturpflege. Zudem werden auch einzelne Projekte und Publikationen gefördert, vor allem in den Sparten Musik, Literatur, Wissenschaft und Heimatpflege.

## Mendener Bank eG

Das einzige noch ureigene, genossenschaftliche Geldinstitut findet der interessierte (Neu-) Bürger in Bösperde, Lendringsen und Menden-Stadt. Mehr als 6.400 Mitglieder und rund 30.000 Geschäftspartner und Kontoinhaber schätzen nicht nur unsere vielfältige Produktpalette, sondern insbesondere die qualitativ gute Service- und Beratungsleistung unserer 64 Mitarbeiter.

Seit Jahren sind wir neben „Sport und Soziales" Förderer von „Bildung und Kultur" in unserer Stadt. Daher mussten wir auch nicht lange überlegen, als Peter Neuhaus erneut auf uns zukam und uns um finanzielle Unterstützung für sein Projekt bat. Mehr als drei Jahrzehnte ist das Scaramouche bereits ein etabliertes Zimmertheater in Menden. Durch den überregionalen Wettbewerb für komische Lyrik wird es auch über die Stadtgrenzen hinaus ein kultureller Botschafter unserer Hönnestadt sein.

# Danke.

Sowieso:
F.W. Bernstein, Janine Bauer

Für Lesen, Entscheiden und Spaßhaben:
der besten Lyrik-Jury der Welt

Der Katastrophen Kultur e.V.:
Christopher Smith, Martin Smith, die Barnuts, Wolfgang Weist,
Jörg Wiedemann, Bernadett Janßen, Miriam Vietzke, Padma
Tewes, Bettina Post, den Menschen hinter Theke und Kasse
sowie in der Technik.

Den Videonauten:
EinZ Design, Corinna Häußler & Nils Bonk

**Impressum**
Der Große Dinggang erscheint im Eigenverlag
als Dokumentation des Wettbewerbs für komische Lyrik 2019
Alle Rechte bei den Autoren (Gedichte) und Peter P. Neuhaus
Menden (Sauerland), 2019

Anschrift und Kontakt:
www.dergrossedinggang.de | www.katastrophenkultur.de
ISBN 978-3-7347-4923-0
Herstellung und Verlag BoD – Books on Demand, Norderstedt